Un conte écrit et raconté par

Marlène Jobert

En route pour les étoiles

Pour faire aimer la musique de VIVALDI

Édité par :
Éditions Glénat

Services éditoriaux et commerciaux :
Éditions Glénat – 31-33, rue Ernest Renan
92130 Issy-les-Moulineaux

Conseiller artistique : Jean-Louis Couturier
Photo de couverture : Frédéric de Lafosse/Sygma
Couverture : Les Quatre Lunes

Loi n°49-956 du 16 juillet 1949 sur les
publications destinées à la jeunesse.

Imprimé en Italie

Achevé d'imprimer : Septembre 2004
Dépôt légal : Septembre 2004
ISBN : 2.7234.3115.0

Un conte écrit et raconté par

Marlène Jobert

En route pour les étoiles

Pour faire aimer la musique de VIVALDI

Illustration : Emilie Walker

Un violon ! Le petit Maxime en avait envie depuis si longtemps ! Il en rêvait…

Et aujourd'hui enfin, pour son anniversaire, c'est le cadeau que ses parents lui ont offert…

Quelle explosion de joie en découvrant l'instrument dans son étui !

Par contre, il n'a pas du tout aimé le cadeau de sa tante Sophie… un tableau… un tableau même pas beau ! *Des étoiles dans un ciel bleu foncé !*

Pourtant, grâce à ce tableau *même pas beau*, Maxime va vivre une nuit extraordinaire… une nuit qu'il n'oubliera jamais.

Mais chut ! Il ne le sait pas encore…

Pour l'instant, il est au lit, et sa maman écoute un disque avec lui. Maxime a toujours adoré ce délicieux moment où elle lui raconte la musique en chuchotant.

— Tu entends, là… les violons imitent le chant des oiseaux… Le compositeur s'appelle Vivaldi ; il a écrit un concerto pour chacune des quatre saisons.

Écoute bien, c'est facile d'imaginer. Là, c'est le printemps… La nature, encore toute engourdie par l'hiver, est caressée par les premiers rayons du soleil… et doucement, elle se réveille.

Maxime, lui, commence à glisser dans le sommeil…

— Allez, fais de beaux rêves mon petit bonhomme ! murmure sa maman entre deux bisous. Puis elle range le violon, qu'il a voulu garder tout contre lui jusqu'au dernier moment, et s'en va.

Mais son petit bonhomme la rappelle.

— Maman ! Comment tu le trouves, toi, le cadeau de tante Sophie ?

Elle regarde le tableau déjà accroché au mur en face de son lit, et avant de fermer la porte, elle dit :

— Le jour, il n'est peut-être pas très intéressant. Mais la nuit… dès qu'il fait noir, il devient fluorescent !

— **F**LUORESCENT ? Qu'est-ce que ça veut dire au fait ce truc-là ? Et pourquoi dès qu'il fait noir ? Maxime éteint vite sa lampe de chevet, et aussitôt… toutes les étoiles s'allument dans le tableau.

Oh ! C'est très joli, en effet ! Tellement joli qu'il les regarderait bien toute la nuit, mais il a du mal à garder ses petits yeux ouverts. Ses paupières deviennent lourdes… lourdes…

Voilà qu'il croit entendre de la musique maintenant…

Mais oui, du violon !

Cette musique est d'une infinie douceur, elle a quelque chose de magique aussi…

Mais d'où vient-elle ? Du tableau on dirait… de l'une des étoiles, en haut à gauche, celle où se trouve un petit personnage…

Oh ! et c'est lui justement qui joue du violon ! Ça alors !

La mélodie est magnifique. Maxime écoute émerveillé.

Le violoniste s'arrête, le regarde et lui dit :

— J'ai six ans aujourd'hui moi aussi ! Viens à mon goûter d'anniversaire, je t'invite…

Puis sans laisser le temps à Maxime de revenir de sa surprise, il coince son violon sous son menton et attaque un autre morceau, mais cette fois avec une vivacité… étonnante !

Maxime est stupéfait. Jamais il n'aurait pu imaginer qu'un enfant de son âge puisse si bien jouer !

Le violoniste, comme s'il avait deviné ce que notre petit bonhomme pensait, lui dit :

— Nous savons tous, dès notre naissance, jouer d'un instrument, ici ! Notre étoile est magique. Toi aussi, si tu viens, tu sauras jouer tout de suite.

Ah ! Savoir jouer tout de suite ! Notre petit bonhomme aimerait bien, mais il ne voit pas comment il pourrait atteindre cette étoile ! C'est impossible !

— Mais non, c'est facile puisque tu aimes la musique, répond le violoniste. Et curieusement, alors que Maxime ne lui a encore rien demandé, il lui explique comment le rejoindre :

— Serre ton violon contre ton cœur, ferme les yeux, pense très fort à l'endroit où tu veux aller, et tu verras… ton violon t'y emmènera.

Maxime, très ému, prend son violon, le serre contre son cœur, ferme les yeux, et aussitôt… il se sent soulevé dans les airs…

— **H**é ! lui crie encore le petit violoniste depuis son étoile. Ne perds surtout pas ton violon, tu tomberais chez La Crapata !

Maxime lui demanderait bien qui est cette Crapata, mais il est déjà trop haut dans le ciel… et puis… ce vent léger qui lui caresse les joues et les cheveux est tellement agréable… tellement grisant…

Lui qui avait si souvent rêvé d'avoir des ailes comme un oiseau pour survoler la terre, là… pas besoin d'ailes ! Il suffit, comme tous les personnages qu'il croise dans l'espace, de tenir un instrument de musique ! Quel formidable moyen de transport !

Mais Maxime est surtout fasciné par les étoiles. De la terre, il les croyait minuscules, ici, il les découvre mille fois plus grandes… plus brillantes… merveilleuses… Pareilles à d'immenses fleurs lumineuses…

Tout à coup, il se sent tomber, tomber, tomber, tomber… Oh ! le violon ! Il ne l'a plus ! Le petit étourdi l'a perdu ! Il descend à une vitesse affolante. Les étoiles disparaissent une à une… La nuit se fait de plus en plus noire… Bientôt sa chute ralentit. Il plane, puis se pose aussi délicatement qu'une feuille morte.

Mais, sur quoi s'est-il posé ?

Une faible lueur éclaire le sol. Et sur ce sol, un tas d'instruments de musique : des flûtes, des harpes, des violons, des pianos… tous complètement cassés… en mille morceaux !

— Ah ! ah ! ah ! ah ! ah ! Un petit gringalet exactement comme je les déteste… Ah ! ah ! ah ! ah !

Maxime frissonne. Cette voix dans l'obscurité… Qui est-ce ? Il se souvient de l'avertissement de l'enfant de l'Étoile à propos d'une certaine CRAPATA…

Du sol monte un tourbillon de poussière, d'où surgit un immense manteau… Une forme bouge à l'intérieur, et quand enfin cette forme se dévoile, Maxime pousse un cri de stupeur…

Cette Crapata est gigantesque… et en plus… elle est laide… mais laide… épouvantable ! Cette Crapata est une sorcière… Et comme toutes les sorcières, elle a une voix effroyable :

— Encore un imbécile qui aime la musique. Ah ! ah ! ah !

— Ben oui, c'est beau et gai la musique.

— C'est que justement, petit gringalet, je hais ce qui est beau et gai ! Je veux détruire dans l'univers tout ce qui est beau et gai ! A commencer par la musique et tous ceux qui l'aiment ! Ah ! Cette musique… Chacune de ses notes me hérisse les poils, me transperce le cerveau, me fait vomir ! Je deviens folle lorsque ces maudits sons viennent se perdre jusque chez moi…

Sans quitter des yeux le ciel noir, elle ajoute :

— J'espère que ton sale petit violon de malheur ne va pas tarder ! J'ai hâte de le briser en mille morceaux comme tous les autres, et aussitôt, tu mourras… Ah ! ah ! ah ! ah ! ah !

Maxime est terrorisé. Soudain Crapata se met à hurler :

— Le voilà ton joujou préféré ! Le voilà ! Ah ! ah ! ah ! ah !...

Tout là-bas, en effet, une petite chose à peine éclairée tombe lentement. Notre petit bonhomme tremble. Une peur glaciale le pénètre tout entier...

Plus le violon approche, plus l'excitation de la méchante femme

grandit, et dès qu'elle peut l'attraper, ses doigts crochus se referment dessus. Alors, Maxime, dans un élan désespéré, essaie de toutes ses forces de la retenir. Mais notre tout petit garçon n'est pas de taille à lutter contre la redoutable sorcière. Le moment arrive où elle va l'assommer, quand brusquement, au-dessus de leur tête…

Un tonnerre de musique éclate, joué par tout un orchestre d'hommes volants. Guidés par l'enfant de l'Étoile, ils arrivent à temps… Juste à temps… et avec la seule arme capable de vaincre Crapata… LA MUSIQUE ! L'énergie de ce concerto de Vivaldi est trop joyeuse, trop insupportable pour elle. Sans même chercher à résister, elle lâche Maxime et son violon pour se boucher les oreilles.

Vite, le petit garçon serre contre son cœur son cher instrument, ferme les yeux, et immédiatement, il est projeté comme une fusée au milieu de l'orchestre, déjà en route pour le monde étoilé.

Sans cesser de jouer, les musiciens volent autour de lui.

Maintenant qu'il est tout près de l'enfant de l'Étoile, Maxime est très troublé par ce qu'il découvre : le petit violoniste lui ressemble étrangement… Il a le même visage, exactement… seuls ses cheveux et ses yeux sont différents. Ses cheveux sont en fils d'or et ses yeux violets… Un violet lumineux… comme éclairé de l'intérieur… FLUORESCENT… C'est cela oui, il a des yeux fluorescents.

Tout en observant son nouveau copain, Maxime se demande si l'Étoile est encore loin… il aimerait bien être arrivé, il lui tarde de pouvoir jouer.

— Tu aimerais bien être arrivé, il te tarde de pouvoir jouer ! répète tout haut l'enfant de l'Étoile. Puis voyant l'air étonné de Maxime, il éclate de rire.

— Si je devine tes pensées, c'est parce que je te ressemble.

Très peu de temps après, tous se posent sur l'Étoile de la Musique. Elle est encore plus jolie de près. Sur le sol, couvert de coquillages nacrés, les musiciens du ciel s'installent autour du petit terrien. L'enfant aux yeux violets lui tend son archet, et Maxime, le plus naturellement du monde, commence à jouer…

Il a de la peine à le croire : ses mains font chanter son violon si bien, que même les coquillages s'ouvrent davantage pour mieux l'écouter…

Un frisson délicieux l'envahit de la pointe des pieds jusqu'au bout des cheveux, et des petites larmes de bonheur brillent comme des perles au bord de ses yeux.

Ensuite, l'enfant aux cheveux d'or l'invite à son goûter.

— Tu vas découvrir les meilleurs gâteaux de tout l'univers. Ce sont des croissants de lune, que l'on prépare ici spécialement pour les anniversaires.

C'est un délice en effet. Maxime n'en finit pas de se régaler.

Il goûte aussi à des boissons aux couleurs d'arc-en-ciel, d'où s'échappent de minuscules étoiles filantes qui partent de tous les côtés… Puis un courant d'air tiède et caressant, accompagné d'un parfum qu'il reconnaît immédiatement, vient lui chatouiller le nez. Et ces petits bisous dans le cou, tout de suite aussi il les reconnaît. Et cette voix… de plus en plus proche qui dit…

— **I**l doit être épatant ce rêve, pour que mon petit bonhomme ne veuille plus le quitter !

Le petit bonhomme se dresse sur son lit et se jette dans les bras de sa maman.

— Maxime ! Tu as vu toutes ces miettes, là, sur tes draps ? Tu as encore oublié un biscuit dans la poche de ton pyjama…

— Ce n'est pas un biscuit, c'est un croissant de lune !

— Appelle-le comme tu veux, mais dépêche-toi, tu vas être en retard à l'école.

Avant de sortir, elle ajoute :

— Alors, ce tableau ?… Il n'est pas plus intéressant la nuit ?

— Bof ! répond Maxime, jouant celui qui s'en fiche complètement, mais… sitôt qu'elle est partie, il fait un clin d'œil à l'enfant de l'Étoile, comme pour lui dire « à ce soir »…